AHMAD RASHID

Mein Ramadan mit Allah

DAS RAMADAN TAGEBUCH - EIN WEGWEISER FÜR DEINE INNERE REISE

EINLEITUNG

Der Ramadan ist eine besondere Zeit im Jahr, in der wir uns bewusst auf unsere Beziehung zu Gott, unseren Mitmenschen und uns selbst besinnen. Er ist eine Zeit des Fastens, des Gebets und der Selbstreflexion, aber auch eine Zeit, in der wir die Werte des Miteinanders, der Hilfsbereitschaft und der Barmherzigkeit leben und umsetzen können.

Das Ramadan Tagebuch soll dich dabei unterstützen, deine Erfahrungen und Gedanken während dieser Zeit festzuhalten und zu reflektieren. Jeden Tag gibt es einen Stimmungstracker, der dir hilft, deine Stimmung während des Ramadan zu beobachten und gegebenenfalls Veränderungen vorzunehmen. Zudem gibt es anregende Fragen zur Selbstreflexion, die dich dazu anregen sollen, über deine Erlebnisse und Gedanken während des Ramadan nachzudenken.

Ein wichtiger Aspekt des Ramadan ist auch für andere Menschen guten Taten zu vollbringen. Deshalb gibt es jeden Tag in diesem Tagebuch auch einen Vorschlag für eine gute Tat, die du an diesem Tag vollbringen kannst. Dies kann etwas Kleines sein, wie jemandem ein Lächeln zu schenken oder ihm eine Aufmerksamkeit zu zeigen, oder etwas Größeres, wie jemandem finanziell oder praktisch zu helfen. Wichtig ist, dass du deine gute Tat aus vollem Herzen vollbringst und sie nicht nur als Pflicht, sondern als Ausdruck deiner Zuneigung und Verbundenheit zu anderen siehst.

Das Ramadan Tagebuch ist also eine Möglichkeit, deine Erlebnisse und Gedanken während dieser besonderen Zeit festzuhalten und dich bewusst mit den Werte und Lehren des Ramadan auseinanderzusetzen.

Ich hoffe, dass es dir dabei hilft, deine Beziehung zu Gott, deinen Mitmenschen und dir selbst zu vertiefen und dich auf die wichtigen Dinge im Leben zu besinnen.

Tag 1

"Der Ramadan ist der Monat, in dem wir unsere Seele reinigen, indem wir uns von allem Unnötigen befreien und uns auf das Wesentliche konzentrieren."

- Muhammad ibn Abd al-Wahhab

Wie fühle ich mich heute?

☹️ 😐 🙂 😃 😮

Wieso fühle ich mich so?

_____

_____

_____

_____

_____

_____

_____

_____

Wie haben ich heute das Fasten und das Gebet erlebt?

Wie habe ich heute meine Zeit verbracht (z.B. Gebet, Fasten, Arbeit, Freizeit)?

_____

_____

_____

_____

_____

_____

Meine guten Taten heute

Koche eine Mahlzeit für jemanden, der krank ist oder
sich nicht gut fühlt ☐

_____ ☐

Tag 2

"Der Ramadan ist der Monat, in dem wir lernen, Mitleid zu haben und zu teilen. Er lehrt uns, dass wir unsere Ressourcen mit denen teilen sollten, die weniger haben."

- Ruhollah Khomeini

Wie fühle ich mich heute?

Wieso fühle ich mich so?

_____

_____

_____

_____

_____

_____

_____

_____

Wie haben ich heute das Fasten und das Gebet erlebt?

Wie habe ich heute meine Beziehungen zu anderen Menschen gestaltet (z.B. Freunde, Familie, Kollegen)?

_____
_____
_____
_____
_____
_____

Meine guten Taten heute

Hilf einem Freund oder Familienmitglied bei den Hausaufgaben.   ☐

☐

_____

Tag 3

"Der Ramadan ist der Monat, in dem wir lernen, unseren Geist und unsere Seele zu reinigen und zu stärken. Er ermutigt uns, unseren Glauben zu vertiefen und uns auf das Gebet und die Meditation zu konzentrieren."

- Idris Tawfiq

Wie fühle ich mich heute?

Wieso fühle ich mich so?

_____
_____
_____
_____
_____
_____
_____
_____

Wie haben ich heute das Fasten und das Gebet erlebt?

Wie habe ich heute meine persönliche Entwicklung und meine Ziele im Leben wahrgenommen?

_____

_____

_____

_____

_____

_____

Meine guten Taten heute

Schicke einem Freund oder Familienmitglied eine
Nachricht, um zu sehen, wie es ihm geht ☐

☐

_____

Tag 4

"Der Ramadan ist der Monat, in dem wir lernen, unsere Beziehung zu Gott zu vertiefen und uns auf das Fasten und das Gebet zu konzentrieren. Er ermutigt uns, unsere Verbindung zu Gott zu stärken und uns auf das Wesentliche zu konzentrieren."

– Hamza Roberto Piccardo

Wie fühle ich mich heute?

Wieso fühle ich mich so?

_____

_____

_____

_____

_____

_____

_____

_____

Wie haben ich heute das Fasten und das Gebet erlebt?

Was habe ich heute dazugelernt und was hat mich besonders beeindruckt?

_____

_____

_____

_____

_____

_____

Meine guten Taten heute

Spende Kleidung, die du nicht mehr brauchst, an eine ☐
Wohlfahrtseinrichtung

_____ ☐

Tag 5

"Der Ramadan ist der Monat, in dem wir lernen, unsere Selbstbeherrschung zu stärken und unsere Gelüste zu beherrschen. Er lehrt uns, dass wir stärker sind, als wir glauben, und dass wir in der Lage sind, Herausforderungen zu meistern."

- Muhammad ibn Abd al-Wahhab

Wie fühle ich mich heute?

Wieso fühle ich mich so?

_____

_____

_____

_____

_____

_____

_____

_____

Wie haben ich heute das Fasten und das Gebet erlebt?

Wie habe ich heute die Werte und Lehren des Ramadan in meinem Leben umgesetzt?

_____

_____

_____

_____

_____

_____

Meine guten Taten heute

Schenke jemandem Blumen oder eine Pflanze ☐

_____ ☐

Tag 6

"Der Ramadan ist der Monat, in dem wir lernen, dankbar zu sein und uns bewusst zu machen, wie viel wir tatsächlich haben. Er lehrt uns, dass es wichtig ist, anderen zu helfen und unsere Ressourcen mit ihnen zu teilen."

- Ruhollah Khomeini

Wie fühle ich mich heute?

Wieso fühle ich mich so?

_____

_____

_____

_____

_____

_____

_____

_____

_____

Wie haben ich heute das Fasten und das Gebet erlebt?

Wie habe ich heute meine finanziellen Entscheidungen getroffen (z.B. Spenden, Einkäufe)?

Meine guten Taten heute

Gib jemandem deine Zeit und höre ihm zu ☐

_____ ☐

Tag 7

"Der Ramadan ist der Monat, in dem wir lernen, Geduld und Ausdauer zu entwickeln. Er lehrt uns, dass wir immer wieder Rückschläge erleben werden, aber dass wir trotzdem weiterkämpfen und uns verbessern sollten."

- Idris Tawfiq

Wie fühle ich mich heute?

Wieso fühle ich mich so?

_____
_____
_____
_____
_____
_____
_____
_____

Wie haben ich heute das Fasten und das Gebet erlebt?

Wie habe ich heute meine Zeit verbracht (z.B. Gebet, Fasten, Arbeit, Freizeit)?

_____

_____

_____

_____

_____

Meine guten Taten heute

Kaufe etwas für jemanden, den du magst (z.B. eine Tasse Kaffee, ein Eis, eine Zeitschrift) ☐

_____ ☐

Tag 8

"Der Ramadan ist der Monat, in dem wir lernen, unseren Glauben zu vertiefen und uns auf das Gebet und die Meditation zu konzentrieren. Er ermutigt uns, unsere Verbindung zu Gott zu stärken und uns auf das Wesentliche zu konzentrieren."

- Hamza Roberto Piccardo

Wie fühle ich mich heute?

Wieso fühle ich mich so?

_____

_____

_____

_____

_____

_____

_____

_____

_____

Wie haben ich heute das Fasten und das Gebet erlebt?

Wie habe ich heute meine Beziehungen zu anderen Menschen gestaltet (z.B. Freunde, Familie, Kollegen)?

_____

_____

_____

_____

_____

_____

Meine guten Taten heute

Lächle und grüße freundlich, wenn du jemandem begegnest ☐

_____ ☐

Tag 9

"Der Ramadan ist der Monat, in dem wir lernen, Mitleid zu haben und zu teilen. Er lehrt uns, dass wir unsere Ressourcen mit denen teilen sollten, die weniger haben, und dass wir immer versuchen sollten, anderen zu helfen und ihnen beizustehen."

- Tariq Ramadan

Wie fühle ich mich heute?

Wieso fühle ich mich so?

_____

_____

_____

_____

_____

_____

_____

_____

Wie haben ich heute das Fasten und das Gebet erlebt?

Wie habe ich heute meine persönliche Entwicklung und meine Ziele im Leben wahrgenommen?

_____

_____

_____

_____

_____

Meine guten Taten heute

Lade jemanden zu einem Picknick, einem Film oder
einem anderen Event ein ☐

☐

_____

Tag 10

"Der Ramadan ist der Monat, in dem wir lernen, Mitleid zu haben und zu teilen. Er lehrt uns, dass wir unsere Ressourcen mit denen teilen sollten, die weniger haben, und dass wir immer versuchen sollten, anderen zu helfen und ihnen beizustehen."

- Ruhollah Khomeini

Wie fühle ich mich heute?

Wieso fühle ich mich so?

_____

_____

_____

_____

_____

_____

_____

_____

Wie haben ich heute das Fasten und das Gebet erlebt?

Was habe ich heute dazugelernt und was hat mich besonders beeindruckt?

_____

_____

_____

_____

_____

_____

Meine guten Taten heute

Mach jemandem ein Kompliment ☐

☐

_____

Tag 11

"Der Islam lehrt uns, dass jeder Mensch Würde und Respekt verdient, egal welche Hautfarbe, Nationalität oder Religion er hat. Wir sind alle Kinder Gottes und sollten uns gegenseitig mit Liebe und Respekt behandeln."

- Maajid Nawaz

Wie fühle ich mich heute?

☹ 😐 🙂 😃 😮

Wieso fühle ich mich so?

_____

_____

_____

_____

_____

_____

_____

_____

Wie haben ich heute das Fasten und das Gebet erlebt?

Wie habe ich heute die Werte und Lehren des Ramadan in meinem Leben umgesetzt?

_____

_____

_____

_____

_____

_____

Meine guten Taten heute

Bring jemandem ein Buch oder ein Spiel, das du
mochtest und empfehle es ihm ☐

_____ ☐

Tag 12

"Der Islam lehrt uns, dass wir für alles, was wir tun, verantwortlich sind. Wir sind verantwortlich für unsere Handlungen und für die Auswirkungen, die sie auf andere haben."

- Hamza Yusuf

Wie fühle ich mich heute?

Wieso fühle ich mich so?

_____

_____

_____

_____

_____

_____

_____

_____

_____

Wie haben ich heute das Fasten und das Gebet erlebt?

Wie habe ich heute meine finanziellen Entscheidungen getroffen (z.B. Spenden, Einkäufe)?

_____

_____

_____

_____

_____

_____

Meine guten Taten heute

Spendiere jemandem eine Fahrt mit dem Taxi oder dem Bus ☐

_____ ☐

Tag 13

"Der Islam lehrt uns, dass wir in allem, was wir tun, Gottes Willen suchen sollten. Wir sollten uns immer bemühen, das Richtige zu tun, auch wenn es schwierig ist, und wir sollten uns immer bemühen, uns selbst und andere zu verbessern."

– Muhammad ibn Abd al-Wahhab

Wie fühle ich mich heute?

Wieso fühle ich mich so?

_____

_____

_____

_____

_____

_____

_____

_____

_____

Wie haben ich heute das Fasten und das Gebet erlebt?

Wie habe ich heute meine Zeit verbracht (z.B. Gebet, Fasten, Arbeit, Freizeit)?

_____
_____
_____
_____
_____
_____

Meine guten Taten heute

Helfe jemandem beim Tragen von Einkäufen oder anderen Gegenständen ☐

_____ ☐

Tag 14

"Der Islam lehrt uns, dass die Familie ein wichtiger Teil unseres Lebens ist. Sie gibt uns Liebe, Unterstützung und eine solide Basis, auf der wir wachsen und uns entwickeln können."

- Ruhollah Khomeini

Wie fühle ich mich heute?

☹ 😐 🙂 😄 😮

Wieso fühle ich mich so?

_____

_____

_____

_____

_____

_____

_____

_____

Wie haben ich heute das Fasten und das Gebet erlebt?

Wie habe ich heute meine Beziehungen zu anderen Menschen gestaltet (z.B. Freunde, Familie, Kollegen)?

_____

_____

_____

_____

_____

Meine guten Taten heute

Ruf jemanden an, der sich einsam fühlt ☐

_____ ☐

Tag 15

"Der Islam lehrt uns, dass wir für das, was wir haben, dankbar sein sollten. Er erinnert uns daran, dass alles, was wir besitzen, von Gott kommt und dass wir es nutzen sollten, um anderen zu helfen und die Welt zu verbessern."

- Idris Tawfiq

Wie fühle ich mich heute?

😞 😐 🙂 😃 😮

Wieso fühle ich mich so?

_____

_____

_____

_____

_____

_____

_____

_____

_____

Wie haben ich heute das Fasten und das Gebet erlebt?

Wie habe ich heute meine persönliche Entwicklung und meine Ziele im Leben wahrgenommen?

_____

_____

_____

_____

_____

_____

Meine guten Taten heute

Biete jemandem deine Hilfe bei der Pflege eines Haustieres an ☐

_____ ☐

Tag 16

"Der Islam lehrt uns, dass wir in unserem Leben immer wieder Herausforderungen und Schwierigkeiten begegnen werden. Aber er gibt uns auch die Kraft und den Mut, diese Herausforderungen zu meistern und aus ihnen zu lernen." - Hamza Roberto Piccardo

Wie fühle ich mich heute?

:(:| :)   :D   :O

Wieso fühle ich mich so?

_____

_____

_____

_____

_____

_____

_____

_____

_____

Wie haben ich heute das Fasten und das Gebet erlebt?

Was habe ich heute dazugelernt und was hat mich besonders beeindruckt?

_____

_____

_____

_____

_____

_____

Meine guten Taten heute

Bring jemandem (z.B. einem Obdachlosen) etwas zu essen oder zu trinken, wenn du siehst, dass sie müde oder durstig sind ☐

_____ ☐

Tag 17

"Der Islam lehrt uns, dass wir immer wieder nach Wissen und Erkenntnis streben sollten. Er ermutigt uns, Fragen zu stellen und die Welt um uns herum zu erforschen."

- Tariq Ramadan

Wie fühle ich mich heute?

☹ 😐 🙂 😃 😮

Wieso fühle ich mich so?

_____
_____
_____
_____
_____
_____
_____
_____

Wie haben ich heute das Fasten und das Gebet erlebt?

Wie habe ich heute die Werte und Lehren des Ramadan in meinem Leben umgesetzt?

_____

_____

_____

_____

_____

_____

Meine guten Taten heute

Biete jemandem deine Hilfe beim Einkaufen oder bei
anderen Besorgungen an ☐

_____ ☐

Tag 18

"Der Islam lehrt uns, dass wir immer für andere da sein sollten. Er ermutigt uns, uns um die Bedürfnisse anderer zu kümmern und ihnen in ihren schwierigen Zeiten beizustehen."

- Muhammad ibn Abd al-Wahhab

Wie fühle ich mich heute?

Wieso fühle ich mich so?

_____

_____

_____

_____

_____

_____

_____

_____

_____

Wie haben ich heute das Fasten und das Gebet erlebt?

Wie habe ich heute meine finanziellen Entscheidungen getroffen (z.B. Spenden, Einkäufe)?

_____

_____

_____

_____

_____

_____

Meine guten Taten heute

Ruf jemanden an, um ihm einen guten Morgen oder einen guten Abend zu wünschen ☐

_____ ☐

Tag 19

"Der Islam lehrt uns, dass wir immer daran arbeiten
sollten, uns selbst und die Welt um uns herum zu verbessern.
Er ermutigt uns, aktiv am sozialen Wandel teilzunehmen
und für Gerechtigkeit und Gleichheit zu kämpfen."

– Ruhollah Khomeini

Wie fühle ich mich heute?

☹ 😐 🙂 😃 😮

Wieso fühle ich mich so?

_____
_____
_____
_____
_____
_____
_____
_____
_____

Wie haben ich heute das Fasten und das Gebet erlebt?

Wie habe ich heute meine Zeit verbracht (z.B. Gebet, Fasten, Arbeit, Freizeit)?

_____

_____

_____

_____

_____

Meine guten Taten heute

Biete jemandem deine Hilfe bei der Gartenarbeit oder bei anderen Hausarbeiten an ☐

☐

_____

Tag 20

"Der Islam lehrt uns, dass wir immer aufrichtig und ehrlich sein sollten. Er ermutigt uns, immer die Wahrheit zu sagen und uns an unsere moralischen Prinzipien zu halten."

- Idris Tawfiq

Wie fühle ich mich heute?

Wieso fühle ich mich so?

_____

_____

_____

_____

_____

_____

_____

_____

_____

Wie haben ich heute das Fasten und das Gebet erlebt?

Wie habe ich heute meine Beziehungen zu anderen Menschen gestaltet (z.B. Freunde, Familie, Kollegen)?

_____

_____

_____

_____

_____

_____

Meine guten Taten heute

Spende einen Betrag deiner Wahl an eine allgemeinnützliche Organisation

_____

Tag 21

"Der Islam lehrt uns, dass wir immer auf unsere Gedanken und Handlungen achten sollten. Er ermutigt uns, uns selbst und andere mit Respekt und Aufmerksamkeit zu behandeln."

- Hamza Roberto Piccardo

Wie fühle ich mich heute?

Wieso fühle ich mich so?

_____
_____
_____
_____
_____
_____
_____
_____

Wie haben ich heute das Fasten und das Gebet erlebt?

Wie habe ich heute meine persönliche Entwicklung und meine Ziele im Leben wahrgenommen?

_____

_____

_____

_____

_____

Meine guten Taten heute

Biete jemandem deine Hilfe bei der Suche nach einer neuen Wohnung oder einem neuen Job an. ☐

_____ ☐

Tag 22

"Der Islam lehrt uns, dass wir immer daran arbeiten sollten, unseren Geist und unsere Seele zu reinigen. Er ermutigt uns, uns von negativen Gedanken und Handlungen fernzuhalten und uns auf das Gute und das Positive zu konzentrieren." - Tariq Ramadan

Wie fühle ich mich heute?

☹️ 😐 🙂 😀 😮

Wieso fühle ich mich so?

_____

_____

_____

_____

_____

_____

_____

_____

_____

Wie haben ich heute das Fasten und das Gebet erlebt?

Was habe ich heute dazugelernt und was hat mich besonders beeindruckt?

_____

_____

_____

_____

_____

_____

Meine guten Taten heute

Bring jemandem, der krank ist, Medikamente oder andere notwendige Gegenständ ☐

_____ ☐

Tag 23

"Der Islam lehrt uns, dass wir immer dankbar sein sollten. Er ermutigt uns, Gott für all das Gute in unserem Leben zu danken und anderen für ihre Unterstützung und Liebe zu danken."

- Muhammad ibn Abd al-Wahhab

Wie fühle ich mich heute?

Wieso fühle ich mich so?

_____

_____

_____

_____

_____

_____

_____

_____

_____

Wie haben ich heute das Fasten und das Gebet erlebt?

Wie habe ich heute die Werte und Lehren des Ramadan in meinem Leben umgesetzt?

_____

_____

_____

_____

_____

_____

Meine guten Taten heute

Spendiere jemandem einen Babysitterdienst, damit er ☐
oder sie eine Auszeit haben kann

_____ ☐

Tag 24

"Der Islam lehrt uns, dass wir immer versuchen sollten, Frieden zu schaffen und Konflikte friedlich zu lösen. Er ermutigt uns, geduldig und verständnisvoll zu sein und immer nach Lösungen zu suchen, die für alle Beteiligten akzeptabel sind."

- Ruhollah Khomeini

Wie fühle ich mich heute?

☹️ 😐 🙂 😃 😮

Wieso fühle ich mich so?

_____

_____

_____

_____

_____

_____

_____

_____

Wie haben ich heute das Fasten und das Gebet erlebt?

Wie habe ich heute meine finanziellen Entscheidungen getroffen (z.B. Spenden, Einkäufe)?

_____

_____

_____

_____

_____

Meine guten Taten heute

Biete jemandem deine Hilfe beim Lernen für eine Prüfung oder beim Verfassen eines Aufsatzes an ☐

_____ ☐

Tag 25

"Jeder Mensch hat seine Stärken und Schwächen. Jeder stößt an Grenzen. In der Familie hat er die Chance, so angenommen zu werden, wie er ist - mit allem Licht und Schatten."

- Richard von Weizsäcker

Wie fühle ich mich heute?

Wieso fühle ich mich so?

_____

_____

_____

_____

_____

_____

_____

_____

_____

Wie haben ich heute das Fasten und das Gebet erlebt?

Wie habe ich heute meine Zeit verbracht (z.B. Gebet, Fasten, Arbeit, Freizeit)?

_____

_____

_____

_____

_____

_____

Meine guten Taten heute

Mach jemandem eine Freude, indem du ihm eine kleine Aufmerksamkeit schenkst (z.B. eine Karte, ein Kleidungsstück, ein Schmuckstück) ☐

_____ ☐

Tag 26

"Familie ist und bleibt der Ort, wo Menschen in ganz
besondere Weise mit ihren Eigenheiten, Stärken und
Schwächen angenommen werden."

- Hannelore Rönsch

Wie fühle ich mich heute?

☹ 😐 🙂 😀 😮

Wieso fühle ich mich so?

_____

_____

_____

_____

_____

_____

_____

_____

Wie haben ich heute das Fasten und das Gebet erlebt?

Wie habe ich heute meine Beziehungen zu anderen Menschen gestaltet (z.B. Freunde, Familie, Kollegen)?

_____

_____

_____

_____

_____

_____

Meine guten Taten heute

Hilf für ein paar Stunden in einer Einrichtung
(Behindertenheim, Kindergarten, etc.) aus ☐

_____ ☐

Tag 27

"Die Familie ist das größte Glück, das wir auf Erden haben."

- Mark Twain

Wie fühle ich mich heute?

Wieso fühle ich mich so?

_____

_____

_____

_____

_____

_____

_____

_____

_____

Wie haben ich heute das Fasten und das Gebet erlebt?

Wie habe ich heute meine persönliche Entwicklung und meine Ziele im Leben wahrgenommen?

_____

_____

_____

_____

_____

_____

Meine guten Taten heute

Spendiere jemandem eine Einladung zu einem
Theaterstück oder einer anderen Art von Aufführung ☐

_____ ☐

Tag 28

"Familie ist, wo das Herz ist."

- Plautus

Wie fühle ich mich heute?

Wieso fühle ich mich so?

_____

_____

_____

_____

_____

_____

_____

_____

_____

Wie haben ich heute das Fasten und das Gebet erlebt?

Was habe ich heute dazugelernt und was hat mich besonders beeindruckt?

_____

_____

_____

_____

_____

_____

Meine guten Taten heute

Hilf einem Nachbarn bei einer kleinen Reparatur ☐

_____ ☐

Tag 29

"Denn zu Zeiten der Not bedarf man seiner Verwandten."

- Johann Wolfgang von Goethe

Wie fühle ich mich heute?

Wieso fühle ich mich so?

_____

_____

_____

_____

_____

_____

_____

_____

Wie haben ich heute das Fasten und das Gebet erlebt?

Wie habe ich heute die Werte und Lehren des Ramadan in meinem Leben umgesetzt?

_____

_____

_____

_____

_____

_____

Meine guten Taten heute

Biete jemandem deine Hilfe beim Einkaufen oder bei anderen Besorgungen an ☐

_____ ☐

Tag 30

"Die Familie ist wie ein Garten. Sie benötigt Zeit, Pflege und Liebe, um zu wachsen und zu gedeihen."

- Unbekannt

Wie fühle ich mich heute?

Wieso fühle ich mich so?

_____

_____

_____

_____

_____

_____

_____

_____

_____

Wie haben ich heute das Fasten und das Gebet erlebt?

Wie habe ich heute meine finanziellen Entscheidungen getroffen (z.B. Spenden, Einkäufe)?

Meine guten Taten heute

Spendiere jemandem eine Massage oder eine andere ☐
Art von Entspannung

☐

IMPRESSUM

Für Fragen und Anregungen:
info@dulangon-verlag.de

ISBN Taschenbuch: 978-3-910661-00-4
ISBN Hardcover: 978-3-910661-02-8

Originalausgabe
Erste Auflage 2023
© 2023 Imprint der Dulangon LLC, St. Petersburg, US

Redaktion: Marianne Link
Lektorat und Korrektorat: Peter Klausen
Covergestaltung: Danileoart, www.danileoart.com
Satz und Layout: Danileoart